Ein Schuss ins Leere

Fremde Räuber in Uri

A1/A2

Von Roland Dittrich
Illustriert von Römer & Osadtschij

Ein Schuss ins Leere

Roland Dittrich
mit Illustrationen von Römer & Osadtschij

Redaktion: Joachim Becker
Layout: Annika Preyhs für Buchgestaltung
Technische Umsetzung: Klein & Halm Grafikdesign, Berlin
Umschlaggestaltung: Ungermeyer, grafische Angelegenheiten

Bildquellen
Umschlagfoto: Shutterstock / © Dmitry Naumov
S. 38: Fotolia / © ufotopixl10 (oben links) / schwabenblitz (oben rechts) /
© REDBUL74 (Mitte); Shutterstock / © Eder (unten)
S. 39: Fotolia / © doris oberfrank-list (oben) / © Quade (Mitte) / © wemm (unten)

www.cornelsen.de

1. Auflage, 3. Druck 2024

© 2016 Cornelsen Schulverlage GmbH, Berlin
© 2017 Cornelsen Verlag GmbH, Mecklenburgische Str. 53, 14197 Berlin

Das Werk und seine Teile sind urheberrechtlich geschützt.
Jede Nutzung in anderen als den gesetzlich zugelassenen Fällen bedarf der vorherigen
schriftlichen Einwilligung des Verlages.
Hinweis zu §§ 60 a, 60 b UrhG: Weder das Werk noch seine Teile dürfen ohne eine
solche Einwilligung an Schulen oder in Unterrichts- und Lehrmedien (§ 60 b Abs. 3
UrhG) vervielfältigt, insbesondere kopiert oder eingescannt, verbreitet oder in ein
Netzwerk eingestellt oder sonst öffentlich zugänglich gemacht oder wiedergegeben
werden. Dies gilt auch für Intranets von Schulen und anderen Bildungseinrichtungen.
Der Anbieter behält sich eine Nutzung der Inhalte für Text und Data Mining im Sinne
§ 44 b UrhG ausdrücklich vor.

Druck: H. Heenemann, Berlin

ISBN 978-3-06-120741-0

PEFC zertifiziert
Dieses Produkt stammt aus nachhaltig
bewirtschafteten Wäldern und kontrollierten
Quellen.

PEFC/04-31-1156

www.pefc.de

Inhalt

Personen	4
Orte der Handlung	5
Ein Schuss ins Leere	7
Landeskunde	38
Übungen	40
Lösungen	50

Sie können diese spannende Geschichte auch über einen MP3-Player zu Hause, bei einer Auto-, Zug- oder Busfahrt anhören und genießen.

Personen

Ulrich Steinberger, 50 Jahre
Wirt vom Hotel „Montana" mit Gasthof
in Flüelen, Präsident des Schützenvereins

Urs Steinberger, 21 Jahre
Sohn von Ulrich Steinberger,
arbeitet im Hotel „Montana",
Hobbys: Sportschießen, Surfen

Axel Geyer, 35 Jahre
von der Abteilung „Investment International",
Firma EVOK in Düsseldorf, Interessen: alles

Mirjam Rösch, 28 Jahre
Firma EVOK, Abteilung Marketing,
Interessen: Bergsteigen und Skifahren

Silvia Bächli, 24 Jahre
Altdorf, Reiseleiterin für Swiss Travel
Hobbys: Wassersport, Theater

Markus Berg, 28 Jahre **Dr. Elisabeth Aumann, 32 Jahre**
Detektiv und freier Journalist Kurzform „Lisa", Detektivin
gemeinsame Detektei SIRIUS in Köln

Orte der Handlung am Vierwaldstättersee

Kapitel | 1

„Sieh mal! Weißt du, was das ist?", fragt Markus Berg seine Kollegin Elisabeth Aumann.
Im Detektivbüro SIRIUS sind sie mit der Arbeit fertig, aber Markus hat noch etwas im Internet gefunden.
Elisabeth schaut und sagt sofort: „Das ist ein Mann mit einer Armbrust, wahrscheinlich ein Schweizer."
„Du kennst das?"
„Markus, das kennen alle – noch von der Schule. Da war doch dieser ‚Wilhelm Tell' von Friedrich Schiller. Alle mussten das lesen." Elisabeth lacht.
„Aber – interessierst du dich jetzt für klassische Literatur? Das ist aber neu bei dir."
„Nein. Ich finde die Armbrust interessant. Ein wunderbares Gerät!" Markus sucht nach weiteren Bildern.
„Eine Waffe. Und besonders interessant für Männer ...", sagt Elisabeth kurz.
„Nein, nein. Früher war das eine Waffe, jetzt ist sie ein Sportgerät, aber ein kompliziertes."
Elisabeth gefällt das nicht. „Das Ding ist gefährlich. Da kann doch leicht etwas passieren – wenn man damit schießt."
„Klar, man muss aufpassen." Markus steht auf. „Ich möchte das lernen – mit der Armbrust schießen."
„Und wo willst du das lernen, hier in Köln?" Sie findet das lustig.
„In der Schweiz. Dort, wo Wilhelm Tell war."

6 die Armbrust: alte Waffe, man schießt mit Pfeilen *(im Bild)*
14 das Gerät: eine technische Sache für Arbeit oder Sport
20 schießen ← der Schuss, Schüsse: Aktion mit einer Waffe

*

Auf der anderen Seite des Rheins, in Düsseldorf, hat die Firma „EVOK Investment Plus" ihr Büro.
Dort findet heute eine wichtige Besprechung statt. Es geht um ein neues Projekt.
„Das wird eine ganz große Sache!" Axel Geyer will seinem Chef, Jochen Michalski, und den anderen Kollegen seine neue Idee vorstellen.
„Das Hotel ‚Montana' steht in Flüelen, am Vierwaldstättersee, genau gesagt am Urnersee. Es ist groß, aber alt und etwas kaputt. Aber sehen Sie selbst!"
Und er zeigt ihnen ein Bild von dem Hotel.

„Flüelen ist ein sehr schöner Ort. Sehen Sie hier!"
„Herr Geyer, woher wissen Sie von diesem Hotel?", fragt der Chef neugierig.
„Das war ein Tipp von der AFB-Bank in Luzern, von Herrn Möggeli. Mit ihm arbeiten wir ja schon länger zusammen. Und er sagt, die Leute vom Hotel ‚Montana' müssen es renovieren, aber von der Schweizer Bank gibt es kein Geld dafür."

„Und jetzt sollen wir den Kredit liefern – warum denn wir?",
fragt Michalski schnell.
„Sehen Sie, da liegt unsere Chance. Der Besitzer, Herr Steinberger, will das Hotel nur renovieren, aber wir wollen mehr ..."
„Was wollen wir mehr?" Der Chef ist vorsichtig.
„Ganz einfach: Wir renovieren nicht nur, wir machen einen Ausbau – zu einem Sport- und Freizeitpark!" Und Geyer zeigt die Pläne.
„Das sieht schön aus, aber gibt es so etwas nicht schon – dort in Uri?"
Geyer kennt die Situation von seiner ersten Reise: „Nein, nur normale Hotels – und die sind für junge, moderne Touristen zu langweilig."
„Wie sind die Verkehrsverbindungen?", fragt ein anderer Kollege.
„Super! Da ist die Autobahn, die Autoroute Swiss A4, gleich in der Nähe, alle 30 Minuten kommt ein Schiff, da ist auch noch die Bahn, und zum Flughafen Buochs sind es nur 20 Minuten."
„Was soll in diesem Freizeitpark stattfinden?", will der Chef wissen.
„Vor allem Sport. Die Kollegin Rösch und ich haben da schon einen Plan, auch etwas Neues: Armbrustschießen, wie Wilhelm Tell."
„Vielleicht finden wir einen neuen Namen, zum Beispiel ‚TellPark' oder so", sagt Mirjam Rösch.

---

1 der Kredit: eine Bank leiht Geld
4 renovieren: an einem Haus arbeiten und es besser machen
7 der Ausbau ← ausbauen: ein Haus größer machen

Kapitel | 2

„Frau Rösch, Herr Geyer, vielen Dank! Kommen Sie bitte gleich in mein Büro."
Dann beginnt Herr Michalski: „Was Sie vorhaben, ist wirklich interessant, aber ..." Er macht eine Pause.
„Wenn diese Familie Steinberger nicht mitmacht – was ist dann?"
Das ist die schlimmste Frage, denkt Geyer.
„Wir sind da optimistisch", sagt er sofort. „Außerdem wollen wir gerne zu zweit dorthin fahren. Frau Rösch hat in Marketing und Werbung große Erfahrung. Ich glaube, so wird es klappen."
Axel Geyer ist selbst nicht so sicher, aber er zeigt es nicht. Er denkt nur: Mit diesen Schweizern wird das eine harte Sache.
„Na gut", sagt der Chef zum Schluss, „aber ich will Ergebnisse sehen, Ergebnisse! Hoffentlich ist das Projekt kein Schuss ins Leere!"

*

„Grüezi!", sagt Markus am nächsten Tag.
„Hallo, Markus, denkst du schon an die Schweiz?"
„Ja, ich kann mir doch ein paar Tage Urlaub nehmen, oder? Noch jetzt im Juli."
„Du bist aber schnell! Na gut, viel Arbeit gibt es im Moment nicht. Wo willst du denn hinfahren?"

  8 optimistisch sein: positiv denken
  9 zu zweit: zwei Personen zusammen
 11 klappen: es geht gut, das Ergebnis ist positiv

„Nach Flüelen, da lerne ich Armbrustschießen!"
„Und wo ist das? Ah, da ist ja ein Prospekt."
„Jetzt lerne ich noch ein paar Wörter Schweizerdeutsch."
„Aber Markus, ist das so schwer?"
„Na, hör mal: ‚adieu!' heißt ‚auf Wiedersehen!', ‚exgüsi' sagt man für ‚Entschuldigung', ‚luege' bedeutet ‚sehen' oder ‚schauen', ‚gsie' bedeutet ‚gewesen', und das ‚Motorrad' heißt dort ‚Töff' – willst du noch mehr wissen?"
„Nein! Hör auf! Aber noch eine Frage: Fährst du mit dem Motorrad?"
„Ja klar, ich fahr nicht mit dem Velo..."
„Bitte pass auf. Und keine Detektivarbeit, hörst du?"

*

Im Gasthof „Montana" in Flüelen sitzt sie zusammen, die Familie Steinberger, am großen Tisch: Ulrich und seine Frau Dorothee, ihr Sohn Urs und Silvia Bächli, eine Freundin der Familie.
Heute ist der Gasthof geschlossen. Man kann also in Ruhe über alles reden – und es gibt Probleme...
„Wo ist denn der Ludwig?", fragt Ulrich.
In dem Moment kommt er schon herein: „Grüezi mitenand!"
Und er setzt sich zu ihnen.
Ludwig Waldner ist Deutscher, war bei einer Bank, lebt in Flüelen. Er ist ein Freund von Ulrich.
„Du, Ludwig, wir reden jetzt hochdeutsch, sonst verstehst du uns nicht."
„Danke euch. Was ist los? Ihr schaut so traurig."

7 das Motorrad: „Auto" auf zwei Rädern
11 das Velo: *schweizerdeutsch für:* Fahrrad
20 Grüezi mitenand: *schweizerdeutscher Gruß zu Freunden*

Dann erzählt Ulrich: Sie haben nicht mehr genug Gäste im Hotel und im Gasthof. Sie müssen alles renovieren, aber sie haben nicht genug Geld und die Banken in Luzern geben ihnen keinen Kredit.
„Das ist typisch, das kenne ich", sagt Ludwig sofort.
„Da ist so eine Bank oder Firma aus Düsseldorf, die will uns was geben, aber ich weiß nicht …"
„Vater, wir müssen es nehmen", sagt jetzt Urs, „das muss nicht schlecht sein, nur weil es aus Deutschland kommt!"

„Aber seid vorsichtig", meint Ludwig, „das kann …"
„Das kann eine Chance sein", Urs springt auf. „Aber immer diese Probleme, das muss doch mal aufhören. Jeden Tag nur Probleme!"
„Was meinst du, Silvia?", fragt Frau Steinberger.
„Also, lasst sie doch kommen, aus Düsseldorf. Die sagen dann, was sie anbieten und was sie wollen."
„Vater, ruf sie an, heute noch! So bleibe ich hier nicht!" Und Urs geht böse hinaus.
„Gut, also versuchen wir es", sagt Ulrich müde.
„Urs, komm! Bitte komm zurück!", ruft Dorothee. Er kommt wieder an den Tisch, und sie sagt zu ihm: „Junge, alles wird gut, wirst schon sehen."

Kapitel | 3

„Guten Tag, da sind wir!" Axel Geyer und Mirjam Rösch kommen im Gasthof „Montana" an.
„Ja grüezi, nehmen Sie bitte Platz." Steinberger begrüßt sie freundlich.
5 Sie stellen sich vor. Dann kommt noch Urs.
Mirjam begrüßt ihn höflich: „Herr Steinberger, ich bin Mirjam Rösch – freut mich!"
„Schön hier! Können wir gleich die beiden Häuser sehen, auch das Hotel?" Geyer ist sehr neugierig.
10 „Ja natürlich, aber setzen Sie sich erst einmal und trinken Sie einen Kaffee mit uns."
Die Besucher aus Düsseldorf geben Ulrich Steinberger und seinem Sohn ihre Visitenkarten.

EVOK Investment Plus **Axel Geyer** Investment International	EVOK Investment Plus **Mirjam Rösch** Marketing
Königsallee 216A • 40215 Düsseldorf Tel: 0211-7768-541 a.geyer@evok.com	Königsallee 216A • 40215 Düsseldorf Tel: 0211-7768-543 m.roesch@evok.com

13 die Visitenkarte: kleine Karte mit Name, Adresse, Telefon

„So etwas habe ich nicht", sagt Steinberger, „aber hier ist ein Prospekt von uns, da steht alles."
Jetzt kommt auch Dorothee und begrüßt die Gäste: „Willkommen in unserem Haus. Wir haben zwei schöne Zimmer für Sie. Gehen Sie doch erst mal hoch und machen Sie sich frisch."
Oben sagt Geyer sofort: „Diese Treppen, die Möbel, das muss zuerst weg – alles von vorgestern!"
„Finde ich nicht", meint Mirjam, „es ist gemütlich."
Dann besichtigen sie zusammen mit den Steinbergers das Hotel, den Gasthof, das Schwimmbad und den großen, schönen Park.
„Das ist wirklich interessant – daraus kann man etwas machen!" Geyer hat sofort Ideen.
„Der Blick auf den See – wunderbar! Hier kann man Urlaub machen!" Mirjam ist begeistert.

9 gemütlich: man fühlt sich gut, wie zu Hause
13 daraus etwas machen: *hier:* etwas positiv ändern
16 ist begeistert: freut sich sehr

„Wunderbar! – das sagen auch unsere Gäste, aber – wir müssen bald renovieren. Und dazu fehlt uns das Geld", sagt Steinberger traurig.

„Renovieren? Das ist zu wenig." Jetzt kommt Geyer in Fahrt. „Ausbauen, das Ganze ausbauen! Etwas Neues machen – das ist es!"

„Super", sagt Urs sofort, „das ist die Idee!"

Steinberger steht da, einen Moment kann er nichts sagen. Dann schaut er Geyer mit seinen dunklen Augen an: „Was wollen Sie? Alles neu machen?"

„Alles ändern? Ja, was denken Sie denn?"

Mirjam merkt, jetzt streiten sie gleich – nicht gut für das Projekt! „Herr Steinberger, mein Kollege war vielleicht etwas zu schnell. Gehen wir doch ins Haus und sprechen wir in Ruhe darüber."

Dorothee hilft jetzt auch: „Das war ein bisschen zu viel. Ulrich, komm, gehen wir hinein, setzen wir uns zusammen…"

Geyer versteht jetzt: Es muss viel langsamer gehen. Und er muss Acht geben, sonst ist die ganze schöne Idee tot.

*

Am Abend kommt Markus in Flüelen an und fährt in das Hotel „Hirschen".

Schön ist das hier, denkt er, und dieser See, auch am Abend!

Zum Abendessen gibt es natürlich eine Schweizer Spezialität: Geschnetzeltes mit Rösti.

---

4 kommt in Fahrt: beginnt stark, mit viel Energie

Dann ruft er den Wirt: „Ich mache hier Urlaub und habe etwas Besonderes vor: Ich möchte mit der Armbrust schießen, das heißt, ich will es lernen. Ist das hier möglich?"
Der Wirt schaut erst und sagt dann langsam: „Ja, vielleicht ist das möglich. Wir haben oben einen Schießstand – 300 Meter lang. Aber das geht nur über den Schützenverein."
„Und mit wem kann ich darüber reden?"
„Mit dem Steinberger Ulrich, der ist Wirt vom ‚Montana', der schießt auch sehr gut."

1 der Wirt: Chef und Gastgeber von einem Lokal, Restaurant
5 der Schießstand: ein Platz zum Schießen als Sport
6 der Schütze: eine Person, die schießt
6 der Schützenverein: der Verein, der Sportklub der Schützen

Kapitel | 4

Am Morgen fährt Markus zum Hotel „Montana". Es liegt etwas außerhalb von Flüelen.
Im Gasthaus frühstücken gerade die Gäste. Ein großer Mann begrüßt ihn: „Grüezi! Was kann ich für Sie tun? Brauchen Sie ein Zimmer?"
„Nein danke, ich habe schon eins im ‚Hirschen'. Mein Name ist Markus Berg."
„Steinberger. Sind Sie neu hier?"
„Ja, zum ersten Mal in Flüelen – es gefällt mir sehr gut. Ich komme aus Köln."
Ein Gast am hinteren Tisch schaut schnell auf Markus und spricht dann leise mit seiner Nachbarin.
„Setzen Sie sich doch. Wollen Sie einen Kaffee?"
„Ja gern, Herr Steinberger, ich habe eine Bitte."
Und dann erzählt er ihm: Er hat Urlaub, er möchte gern eine Armbrust sehen, in die Hand nehmen und auch damit schießen.
„Und da kommen Sie zu mir – warum denn?"
„Der Wirt vom ‚Hirschen' sagt, Sie sind der Beste und von Ihnen kann man etwas lernen."
„So? Meint er das? – Ach was! Das ist nur mein Hobby, ich gebe keine Kurse", sagt er deutlich.
„Ich verstehe. Aber Sie können mir eine Armbrust zeigen und ich kann wenigstens zuschauen, wie Sie schießen." Markus will es auf jeden Fall probieren.

3 das Gasthaus, der Gasthof: großes Restaurant
24 zuschauen: interessiert schauen, was passiert

„Na gut. Kommen Sie mit, hinten habe ich ein paar von denen."

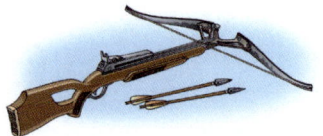

Axel Geyer sagt leise zu Mirjam Rösch: „Das ist aber interessant. Ich muss das auch lernen, ganz klar!"
Steinberger zeigt jetzt Markus eine schöne, alte Armbrust und erklärt, wie man schießt.
Markus ist begeistert und nimmt sie in die Hand.
„Nicht hier", sagt Steinberger sofort. „Kommen Sie doch heute Abend zu unserem Schießstand, oben am Wald. Ich bin dort zum Üben."

*

Markus ist zurück im Lokal und will gerade gehen.
Da steht Axel Geyer auf und spricht ihn an.
„Hallo, ich habe gehört, Sie sind aus Köln. Setzen Sie sich doch zu uns! Wir sind aus Düsseldorf – aber das macht nichts."
Man stellt sich vor und erzählt, was man macht, hier in Flüelen. Und da reden Axel und Mirjam sofort über ihr Projekt.
„Glauben Sie, das klappt so einfach? Machen die Schweizer so schnell mit?", fragt Markus.
Er denkt: Typisch Düsseldorfer – sie wollen alles und sie kriegen alles – und das sofort. Aber hier ticken die Uhren anders, das weiß er schon.

12 spricht ... an ← ansprechen: einen Kontakt beginnen
21 hier ticken die Uhren anders: hier denkt und lebt man anders

Markus hat plötzlich ein komisches Gefühl: Da passiert noch etwas – mal sehen ...

*

Am Nachmittag steigt Markus nach oben zum Schießstand. Immer wieder schaut er zurück. Er fühlt, jemand ist hinter ihm, aber er sieht niemand. Er kann nur die wunderbare Landschaft sehen.
Oben steht schon Ulrich Steinberger: „Grüezi, Markus – unter Sportfreunden sagen wir ‚du', oder? Komm, ich zeig dir, wie man schießt."
Er legt einen Pfeil in die Armbrust, zielt und trifft genau.
„Willst du auch mal probieren?", fragt Ulrich.
„Ja gern." Aber Markus trifft nicht.
„Vielleicht kann ich das besser", sagt jemand plötzlich. Und was sehen sie? Hinter ihnen steht Geyer!
„Was wollen Sie denn hier?", fragt Ulrich unfreundlich.
„Das Gleiche wie Herr Berg, Armbrustschießen! Geben Sie mir das Ding. Ich versuche es auch mal." Und er will die Armbrust wegnehmen.

1 ein komisches Gefühl: er fühlt, da kommt etwas Negatives
10 der Pfeil, Pfeile: *siehe Bild Seite 18*
10 zielen: den genauen Punkt, das Ziel suchen
10 trifft ← treffen: *hier:* der Pfeil kommt genau im Ziel an

Ulrich geht zwischen die beiden.
„Herr Geyer, so geht es nicht, das erlaube ich nicht. Eine Armbrust ist eine Waffe, nichts zum Spielen."
Wir werden sehen, denkt Geyer. Und er denkt Böses.

*

Im Gasthof warten schon einige Leute auf sie.
Neu ist Silvia Bächli, eine Freundin der Familie Steinberger. Dorothee hat ihr alles erzählt und sie kennt jetzt auch die Probleme.
„Wollen wir uns nicht zusammensetzen, heute Abend, und darüber sprechen", schlägt Mirjam vor.
„Na gut", sagt Ulrich müde, „aber nicht zu lange."
„Vielleicht ist die Idee von den Freunden aus Düsseldorf nicht so schlecht. Ulrich, denk doch mal an die jungen Leute und an die Touristen von heute. Man muss ihnen etwas offerieren, etwas Interessantes, auch etwas Sportliches. Sie wollen Spaß haben – Essen, Trinken, Übernachten ist nicht genug." Silvia kennt die Wünsche der Touristen genau.
„Aber alles ändern, alles kaputt machen! Wir haben das ganze Leben…" Für Ulrich ist das traurig.
Jetzt sagt Urs etwas: „Vater, ich verstehe dich, aber wir leben heute. Du willst doch, dass ich…"
Ulrich steht auf: „Also gut, ich gehe morgen zum Gemeindehaus, denn wir brauchen von dort die Erlaubnis. Gute Nacht mitenand!"
„Und wir fahren morgen auf die Rigi. Wollt ihr?"
Eine schöne Idee von Silvia!

10 schlägt … vor ← vorschlagen
22 das Gemeindehaus: Name für das Rathaus von Flüelen

Kapitel | 5

Der Ausflug zur Rigi beginnt. Zuerst fahren sie mit dem Schiff nach Vitznau, und jetzt stehen sie vor der Rigi-Bahn: Silvia Bächli, Markus, Mirjam Rösch und Axel Geyer.

„Kaufen wir uns eine Gruppenkarte, das ist billiger", schlägt
5 Silvia vor.

„Für mich nicht", sagt Geyer, „ich gehe zu Fuß."

„Das ist aber sehr weit und hoch", warnt Silvia.

„Egal, ihr könnt ja oben auf mich warten. Tschüs!", sagt er und geht los.

10 So etwas Dummes, denkt Mirjam, warum tut er das?

Sie steigen ein und die Bahn fährt ab.

Die Fahrt ist wunderbar. Man sieht den blauen Vierwaldstättersee und die Berge von oben.

Nach einer halben Stunde kommen sie an, oben auf der Rigi.
15 Vor ihnen liegt die ganze Berglandschaft.

7 warnen ← die Warnung: jemand sagen: das wird gefährlich!

Silvia erklärt ihnen: „Hier seht ihr den ältesten Teil von unserem Land: die Kantone Uri, Schwyz und Unterwalden. Hier hat alles angefangen, hier ist der Geburtsort der Schweiz."
Und sie erzählt weiter. Markus versteht immer mehr den Charakter des Landes und der Leute.

*

Weiter unten steigt Geyer den Berg hinauf, schon eine Stunde. Für die Natur, die Berge und den See, hat er kein Auge. Es ist jetzt schon schwer für ihn, aber er will weiter, hinauf zu den anderen.
Da klingelt sein Handy.
„Hallo", sagt er, da sieht er auf dem Handy den Namen „Michalski" – sein Chef ruft an!
„Hallo, Herr Geyer! Hier ist Michalski. Was gibt es Neues bei unserem Projekt? Wann können wir den Vertrag machen?"
„So einfach geht es nicht. Dieser Steinberger, der Wirt, ist nicht so begeistert davon. Er will nur einfach renovieren. Die anderen von der Familie sind dafür. Außerdem …"
„Was denn noch? Noch ein Problem?"
„Nein, nur ein kleines. Für den Ausbau braucht man eine besondere Erlaubnis. Der Steinberger ist heute im Rathaus."
Geyer ist etwas nervös.
„Geyer, das gefällt mir gar nicht. Holen Sie mal Frau Rösch ans Telefon!"
„Das geht leider nicht, die ist oben auf dem Berg."
„Was? Auf welchem Berg? Warum denn das?"

---

2 der Kanton: die Schweiz besteht aus 26 autonomen Kantonen
6 steigen: nach oben gehen

Michalski wird jetzt laut. „Und Sie, wo sind Sie?"

„Ich gehe auch auf den Berg, auf die Rigi. Bald bin ich oben. Wir machen heute einen Ausflug."

Für einen Moment fehlen dem Chef die Worte, dann wird er
5 sehr böse: „Sie haben Probleme und machen einen Ausflug? Machen Sie jetzt Urlaub?"

„Nein, nein, nur eine kleine Pause."

„Eine Pause? Herr Geyer, ich warne Sie! Noch so ein Fehler wie neulich in Basel – und sie fliegen!"

10 „Aber Chef, es ist nicht so einfach, glauben Sie mir."

„Mein letztes Wort: Runter vom Berg und an die Arbeit! Für uns gibt es keine Probleme, es gibt nur Lösungen! Verstanden? – Und tschüs!"

„Schade. Warum ist der nicht hier?", sagt Geyer zu sich. „Er
15 wäre ein prima Ziel für die Armbrust…"

Dann ruft er oben an, dass er nicht kommt.

*

9 fliegen: *hier:* bekommt die Kündigung
11 runter: hinunter, nach unten

Oben auf dem Berg ruft Markus seine Kollegin im Büro an. Elisabeth Aumann fragt ihn sofort, was er macht.

Er erzählt ihr von dem Projekt „Montana" und von dem Streit zwischen Ulrich Steinberger und den Leuten von der Düsseldorfer Firma EVOK.

„Weißt du, ich habe wieder so ein komisches Gefühl. Ist diese Firma seriös oder vielleicht unsauber?"

„Markus, ich mache das für dich. Morgen frage ich meine Bekannten. Die kennen fast alle Firmen. Du hast recht: Man kann nie genug aufpassen!"

„Lisa, ich danke dir. Morgen rufe ich dich wieder an."

„Und sonst? Was macht das Armbrustschießen?"

„Das geht prima. Übermorgen gibt es ein Fest von dem Schützenverein. Da darf ich auch schießen!"

---

4 der Streit ← streiten: einen Konflikt haben
7 seriös: sicher und positiv

Kapitel | 6

Vor dem Eiscafé „Venezia", am See, sitzt eine Gruppe von jungen Leuten zusammen. Ueli, Sara, Beat, Mario, Vreni und Urs, alle sind aus Flüelen.
Beat fragt Urs: „Sag mal, was ist bei euch los?"
„Heiße Sache: Bei uns im Haus sind gerade zwei Leute aus Düsseldorf und haben Streit mit meinem Vater."
„Warum denn?", fragt Sara.
„Wir müssen dieses alte Haus renovieren, da ist fast alles kaputt", antwortet Urs.
„Das sieht man", sagt Mario und alle lachen.
Nur nicht Urs: „Lacht nicht so blöd! Zum Renovieren braucht man Geld. Und das müssen wir uns leihen."
„Das tut doch jeder", meint Beat. „Diese Leute aus Düsseldorf können euch das geben, oder?"
„Ja schon, aber sie wollen nicht nur renovieren, sondern alles ausbauen, neu machen..."
„Ist ja cool!" Ueli findet das sehr gut.
„Sie wollen einen Sport- und Freizeitpark bauen, aber – Vater ist dagegen."
„Warum denn? Eine tolle Idee ist das!", sagt Ueli.
„Finde ich auch", sagt ein Mann und kommt zu ihnen. „Kann ich mich zu euch setzen? Ich bin der Axel – aus Düsseldorf."
„Ach, das sind Sie... – aber o.k.", sagt Mario.

---

11 blöd: *sehr negativ für* dumm

„Ich muss euch etwas sagen: Auch für euch ist dieses Projekt wichtig. Dann ist mehr los, in diesem Dorf – eine Keller-Disco können wir auch bauen! Und – ziemlich wichtig für euch: Es gibt neue, interessante Jobs. Was sagt ihr?" Er ist fertig.

„Mann, du hast recht", sagt Mario sofort, „Urs, vielleicht können wir dir helfen…"

*

Markus kommt zu Ulrich und hat schlechte Nachrichten.
„Grüezi, Markus, willst du heute noch einmal mit der Armbrust üben?"
„Danke, später. Kann ich dich allein sprechen?"
„Sicher. Gehen wir nach hinten."
„Ulrich, du weißt, ich habe eine Kollegin in Köln. Ich wollte von ihr Informationen über EVOK."
„Und was hat sie gefunden?", fragt Ulrich leise.
„Also, diese Firma EVOK hat keinen guten Namen. Die hat selbst Probleme mit ihren Finanzen. Du musst vorsichtig sein."
„Ich habe das gedacht – die sind nicht sauber."
„Aber du brauchst das Geld. Kann ich dir helfen? Ich bin doch ein Detektiv. Wir finden eine Lösung."
„Markus, danke, du bist nicht nur ein guter Sportsfreund. Ich habe eine Idee: Ich gehe noch einmal zum Möggeli nach Luzern, mit dir zusammen. Aber erst nach unserem Schützenfest!"

  2 hier ist mehr los: hier gibt es mehr Spaß
17 die Finanzen: Geld der privaten und staatlichen Wirtschaft
19 nicht sauber: *hier:* nicht seriös, nicht sicher
24 das Schützenfest: ein Fest vom Schützenverein

*

Sie kommen zurück. Mirjam und Dorothee sitzen da und sehen nicht froh aus, auch nicht Axel Geyer.

„Herr Steinberger, ganz wichtig: mein Chef wollte heute Informationen über unser Projekt. Sie waren doch im Gemeindehaus. Wie ist das Ergebnis?"

„Herr Geyer, ich war dort, aber so schnell geht das nicht. Die wollen zuerst die genauen Pläne, vorher tun sie nichts."

Geyer springt auf: „Aber hier sind doch die Pläne – von uns! Wie lange sollen wir noch warten?"

„Genau: Ihre Pläne. Und die müssen wir noch einmal genau studieren." Ulrich ist ganz ruhig.

„Vater, bitte! Wir können doch schon mit den Arbeiten anfangen." Urs ist gerade gekommen.

„Das ganze Dorf ist dafür, alle meine Freunde finden das Projekt toll!"

„Kann sein. Morgen ist unser Fest. Dann sprechen wir weiter. Schluss jetzt. Gute Nacht!"

*

In der Nacht schleicht ein Mann in das hintere Zimmer und dann wieder hinaus.

„Jetzt habe ich eine Armbrust und kann üben", sagt er leise.

18 schleichen: leise gehen, niemand soll etwas hören

Kapitel | 7

„Eine Armbrust fehlt, die beste!", ruft Ulrich. „Wer hat die?" Er fragt seine Gäste und auch Markus.
Geyer hat sie gut versteckt und sagt auch nichts.
„Schade, ich wollte damit schießen. Urs, Markus, machen wir uns fertig. Um elf beginnt das Schießen, oben auf dem Schießstand."
„Ich komme auch mit", sagt Mirjam, „ich möchte gern zuschauen, ja?"
Da geht die Tür auf. Zwei Männer kommen herein: „Grüezi mitenand!" Ulrich begrüßt sie herzlich und stellt sie vor: „Das ist Bruno Eggimann und das Rico Ammann, beide aus Seelisberg."

Mirjam sieht Rico an, Rico sieht Mirjam an.
Ein interessanter Mann, denkt sie und spricht ihn an: „Sie kommen aus Seelisberg? Wo ist denn das?"

---

3 versteckt ← verstecken: niemand soll sie sehen oder finden

„Dort, auf der anderen Seite vom Urnersee. Es ist schön dort. Außerdem ist da die Rütli-Wiese …"
„Interessant!" Sie will diesen Rico kennenlernen.
Ulrich wird unruhig: „Schluss jetzt, wir müssen los!"
„Unterwegs können wir ja weiter reden. – Ich bin die Mirjam!"

*

Geyer geht einen anderen Weg. Da war wieder ein Anruf von Michalski: Er gibt ihm nur noch drei Tage Zeit, dann muss Geyer zurückkommen, mit Vertrag!
Er geht zu der Stelle im Wald, wo die Armbrust liegt.
„Was kann ich jetzt noch tun", denkt er. „Mit dem Steinberger klappt es nicht, das ist klar, ohne ihn vielleicht doch. Also – muss er weg. Nein, das kann ich nicht machen. Aber welche Möglichkeit habe ich außerdem? Mirjam ist keine Hilfe, mit ihr kann ich nicht reden. Also, was kann ich sonst noch tun?"
Einen Moment fühlt er sich hilflos und schwach – er ist in einer Sackgasse, ohne Chance! Aber dann fühlt er sich wieder stark und entscheidet sich.
„Es gibt keine andere Möglichkeit, keine bessere Lösung: Steinberger muss weg! Noch heute. Und diese Armbrust wird mir helfen."

*

Zum Schützenfest sind viele gekommen, Schützen, aber auch ihre Familien und Freunde – aus dem ganzen Kanton Uri.
Alle freuen sich über ein schönes Fest.

17 die Sackgasse: ein Weg endet, *hier:* er kommt nicht weiter

Das Schießen ist das Wichtigste, und man schießt mit verschiedenen Waffen, auch mit der Armbrust.
Hinter Büschen versteckt sitzt Geyer und wartet.
Er hat ein bisschen Angst: „Werde ich treffen? Aber ich habe zwei Pfeile, wie damals Wilhelm Tell."
Da sieht er Ulrich Steinberger. Der steht in der Mitte und freut sich. Wieder hat er das Schießen mit der Armbrust gewonnen! Er ist „Schützenkönig".
Geyer wartet nicht mehr. Er legt einen Pfeil ein, zielt und – trifft nicht – ein Schuss ins Leere.
Ulrich hat etwas gehört und schaut…
Aber da schießt Geyer wieder und trifft!

3 der Busch, Büsche: niedriger Baum
8 gewonnen ← gewinnen

Ulrich fällt sofort um. Alle schreien auf!

„Ulrich, was ist passiert? Mein Gott! Du blutest ja!" Dorothee und Urs sind sofort bei ihm.

Er hatte Glück! Der Pfeil steckt nur im Bein, aber es ist gefährlich, denn er verliert viel Blut.

„Schnell! Er braucht einen Notarzt!"

Jemand ruft das Kantonsspital, das Krankenhaus in Luzern an.

„Ich muss das Blut stoppen!" Rico leistet Erste Hilfe.

Geyer läuft sofort weg und versteckt sich. Jetzt hat er noch größere Angst.

Hinter ihm hört er: „Wer war das? Wer hat auf Ulrich geschossen? Sucht ihn!"

Der Heli mit dem Notarzt kommt schnell und fliegt Ulrich nach Luzern.

„Sie haben Glück gehabt", sagt der Arzt zu Ulrich. „Jaja, Schießen ist gefährlich…"

---

1 fällt … um: fällt auf den Boden
1 schreien auf: sind sehr laut, vor Schreck!
9 leistet Erste Hilfe: hilft, bis der Notarzt kommt

Kapitel | 8

Im Kantonsspital in Luzern.
Am Bett von Ulrich stehen seine Besucher: Urs, Dorothee, Markus, Mirjam und neben ihr Rico.
Ulrich bekommt Blumen!
„Willkommen im Leben", sagt seine Frau und küsst ihn. „Wie geht es dir? Hast du Schmerzen?"
„Ein wenig, aber das geht vorbei. Die Ärzte machen ihre Arbeit gut. Aber – sagt mal, wer war dieser Verrückte? War das vielleicht ein Unfall?"
„Nein, Vater, wir glauben, jemand wollte dich verletzen oder vielleicht töten!" Urs ist sehr böse.
„Markus, du bist doch Detektiv, kannst du nicht...?"
„Urs, warte mal, vielleicht kriege ich ihn schon morgen. Ich habe schon einen Plan."
Da kommt der Arzt: „Eine Bitte: Herr Steinberger braucht jetzt seine Ruhe. Morgen können Sie ja wiederkommen."
„Da hätte ich auch eine Bitte. Ich bin Detektiv und suche den Täter. Haben Sie noch den Pfeil aus seinem Bein. Kann ich den haben?", fragt Markus.
Er bekommt ihn, und das ist sehr wichtig.

*

„Mirjam, eine Idee: Ich fahre jetzt zurück nach Seelisberg. Ich möchte dich einladen und dir alles zeigen. Kommst du mit?", fragt Rico sehr nett.

11 töten: jemand das Leben nehmen
18 der Täter: diese Person tut etwas Böses, Kriminelles

„Ich wollte etwas von Luzern sehen, aber ich komme gern mit", antwortet Mirjam schnell.
„Was machst du dort, in Seelisberg?", fragt sie.
„Unsere Familie hat Kühe und eine Käserei."
Sie kommen in Seelisberg an und er zeigt Mirjam den Betrieb.
„Das sieht aber gut aus!", sagt sie sofort.
„Probier mal unseren Käse. Hier bitte!"
„Hmm! Der ist aber gut!", und sie probiert weiter.

„Komm, ich zeige dir unsere Angestellten: Das dort sind unsere Kühe, und jede hat einen Namen. Diese heißt ‚Trixi', die dort ‚Rigi', und die da heißt ‚Palma'."
„Das ist wirklich ein großer, schöner Betrieb. Kostet der nicht viel Geld? Wie macht ihr das?", fragt Mirjam direkt. Auch der Betrieb ist ihr sympathisch.
„Wir verdienen gut, wir haben genug", antwortet er.
„Du weißt, der Steinberger vom ‚Montana' hat große Geldprobleme und muss sich etwas leihen, von der Firma EVOK in Düsseldorf", erklärt Mirjam.

  4 die Kuh, Kühe: großes Tier, gibt Milch
  4 die Käserei: hier wird Käse gemacht
 14 der Betrieb: die Firma, die Fabrik

„Das ist nicht gut", sagt er sofort. „Entschuldigung, du bist von dieser Firma. Aber ich sage dir: Fremdes Geld bringt kein Glück!"
„Du hast recht. Glück ist etwas anderes", und sie küssen sich.

*

Im Gasthof „Montana" sitzen Dorothee und Urs allein am Tisch und sagen wenig.
„Was machen wir jetzt? Vater ist im Krankenhaus, und wir müssen bis morgen entscheiden: Wollen wir die Hilfe von den Düsseldorfern oder nicht. Morgen fährt der Geyer ab. Dann ist vielleicht alles verloren."
Dorothee weiß keine Lösung.
Plötzlich ist Geyer da, mit einem Papier. „Ich verstehe, Sie wollen und können jetzt keinen Vertrag abschließen. Aber ich habe hier einen Vor-Vertrag. Für EVOK heißt das, Sie sind interessiert und die Arbeiten können beginnen. Aber der richtige Vertrag kommt dann später", erklärt Geyer.
„Gut, aber nicht heute. Kommen Sie morgen Vormittag wieder", sagt Dorothee, sie ist vorsichtig.

*

Markus wartet im dunklen Lokal. Alle Gäste vom „Montana" sind weg. Es ist zwei Uhr nachts.
Da kommt eine Person herein und geht in das Zimmer hinten, in der Hand eine Armbrust. Markus will aufstehen, da ist diese Person wieder weg.

---

13 einen Vertrag abschließen: unterschreiben und fertig machen
14 der Vor-Vertrag: der erste Vertrag vor dem richtigen Vertrag

Kapitel | 9

Am Morgen steht Geyer früh auf. Er bringt seinen Koffer und seine Papiere ins Auto, in sein Cabrio.
Er ist sicher: Nach dem Frühstück bekommt er die Unterschriften unter den Vor-Vertrag – aber der ist natürlich ein richtiger Vertrag. Er ist zufrieden.
Er bekommt das Frühstück und den Kaffee von Frau Steinberger.
„Können wir dann den Vor-Vertrag unterschreiben?", fragt Geyer nervös.
„Ja, aber ich muss noch in die Küche, bitte etwas später."
Warum ist das denn so eilig, denkt sie.
Und Geyer wartet. Er zählt die Minuten.
Draußen hört er einen Wagen.
Die Tür geht auf. Und da steht Ulrich Steinberger!
„Grüezi mitenand!", ruft er.
Das ist nicht gut, denkt Geyer.
„Ja, mein lieber Mann. Du bist wieder bei uns! Wie gut! Setz dich. Aber wie bist du zu uns gekommen?"
„Rico und Mirjam haben mich abgeholt. Da sind sie!"
„Danke, ihr beiden!", dann sagt sie leise: „Ulrich, da liegt ein Papier von Herrn Geyer…"
„Das ist nur ein Vor-Vertrag, nichts Gefährliches. Sie müssen nur unterschreiben. Ich muss nämlich weg, zurück nach Düsseldorf", sagt Geyer schnell.

19 abgeholt ← abholen

„Wir müssen gar nichts", sagt Ulrich ganz hart, „wir werden auf keinen Fall unterschreiben."
„Und unser Projekt, die Renovierung?", fragt Urs.
„Da haben wir seit heute eine bessere Lösung."
Geyer steht auf: „Dann also nicht. Mirjam, wir fahren. Hol deine Sachen."
„Ich fahre nicht mit, ich bleibe hier. Ab sofort arbeite ich für Rico!" Mirjam sieht glücklich aus.
„Und was machst du dort? Käse? Interessanter Job ..."
„Nein, Marketing! Aber das ist nicht deine Sache. Grüße bitte Michalski, er bekommt noch eine Kündigung von mir."
Plötzlich steht Markus da: „Liebe Freunde, ich glaube, ich habe den Täter!"
„Das ist aber gut! Wunderbar! Super!", rufen alle, nur nicht Geyer. Der wird ganz blass vor Schreck.
„Und da ist der Pfeil aus dem Bein von Ulrich. Ich war gerade hinten. Ulrich, deine Armbrust ist wieder da – und der Pfeil passt genau!"

15 blass vor Schreck: weißes Gesicht wegen einem Schock

In diesem Moment rast Geyer hinaus, springt in sein Auto und fährt weg.
„Ihr seht, er war es. Ich rufe die Polizei an. Er kommt nicht weit." Markus war nicht so sicher, aber es hat geklappt.

*

Die Ruhe im Haus ist jetzt wieder zurück.
Da kommt aber die wichtige Frage von Urs an seinen Vater: „Welche Lösung habt ihr denn?"
„Am besten soll das Rico erklären."
„Dein Vater, Mirjam und ich haben lange über euer Problem gesprochen. Ihr könnt nicht renovieren, weil euch das Geld fehlt. Mein Vater sagt immer ‚fremdes Geld bringt Unglück'."
Er macht eine Pause und sagt dann: „Also, unsere Familie kann euch das nötige Geld leihen. Viel ist es nicht, aber ich glaube, es ist genug. Was sagt ihr?"
Dorothee läuft zu ihm, umarmt ihn und muss weinen.
Ulrich ruft: „Fremde Räuber in Uri – nie mehr!"

*

Axel Geyer fährt schnell, zu schnell. Er kann nicht mehr normal denken. Das war es also: ein Schuss ins Leere! Vor ihm ist eine Kurve – er sieht sie zu spät – das Auto fliegt geradeaus – weit ins Wasser...
Hier ist der Vierwaldstättersee am tiefsten.

Ende

1 rast hinaus: läuft sehr schnell aus dem Haus
1 springen in...: *hier:* steigt schnell ein
15 umarmt ihn: legt beide Arme um ihn
16 der Räuber, Räuber: harter Krimineller, nimmt alles weg
19 die Kurve: die Straße geht nach rechts oder links weiter

Landeskunde Schweiz und Kanton Uri

**Teil A
Die Schweiz**

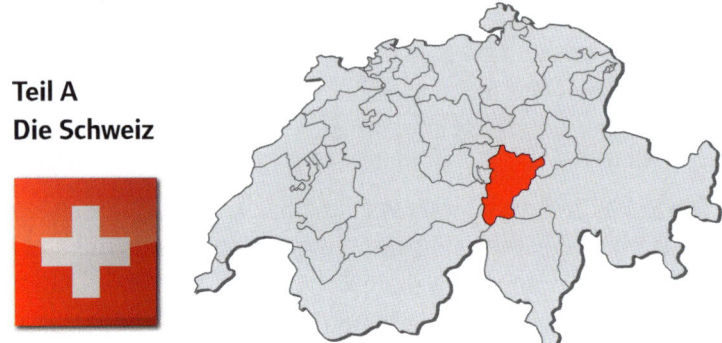

Der Bundesstaat hat 26 autonome Kantone. Die vier offiziellen Sprachen sind Deutsch, Französisch, Italienisch und Rätoromanisch, deshalb der neutrale lateinische Name „Confoederatio Helvetica" = „CH".
Jeder Kanton ist politisch selbstständig und kann frei über Kultur, Wirtschaft, Verkehr usw. entscheiden. Der Krimi spielt im Kanton Uri.

Teil B

Schweizer Freiheitskampf
Am 1. August 1291 (jetzt Schweizer Nationaltag) schließen sich die ersten Kantone Uri, Schwyz, Unterwalden zusammen, mit dem „Rütli-Schwur". Sie wollen um ihre Freiheit kämpfen.
Wilhelm Tell aus Altdorf (Uri) wird der Nationalheld der Schweiz. Friedrich Schiller schreibt ein Drama über ihn. In Altdorf steht das Tell-Denkmal.

Teil C
Der Vierwaldstättersee
Der lange, blaue See mit dem klaren Gebirgswasser: Der Name kommt von den vier „Waldstätten", den Kantonen Luzern, Uri, Schwyz und Unterwalden.

Teil D
Flüelen am Urnersee
Berge, Wind und Wasser – der angenehme, sonnige Ferienort ist ideal für Windsurfen und Gleitschirmfliegen, aber auch für andere Sportarten wie Segeln, Biken und – Sportschießen.

Teil E
Schweizer Spezialitäten
Zürcher Geschnetzeltes: Fleischstücke in Rahmsoße, dazu Rösti: gebratene Kartoffelspäne.

Teil F
Luzern
Die Stadt am See für große Erlebnisse: die schöne Altstadt mit der Kapellbrücke, das supermoderne KKL, ein Picasso-Museum, das Haus von Richard Wagner … Und dann hinauf auf den Pilatus!

Übungen

Kapitel 1

Ü 1 **Der Krimi spielt am Vierwaldstätter_____ .**

Ü 2 **Der Detektiv Markus Berg findet etwas Interessantes im Internet:**
Es ist eine alte Waffe, eine _____ .
Der Schweizer Wilhelm _____ hatte
sie auch schon.

Ü 3 **Elisabeth gefällt das nicht. Ergänzen Sie!**
Sie findet die Waffe _____ . Damit kann
leicht etwas _____ . Aber Markus will
es lernen: mit der Armbrust _____ ,
aber nicht in Köln, sondern _____ .

Ü 4 **Axel Geyer zeigt sein neues Projekt.**
Welche Fragen und Antworten passen zusammen?

1. Wie ist das Hotel „Montana"?
2. Was wollen die Leute von „Montana"?
3. Ist unser Geld nur für die Renovierung?
4. Was soll dann dort stattfinden?
5. Wie sind die Verkehrsverbindungen?

a. Nein, wir bauen dort einen Freizeitpark.
b. Viel Sport, und auch Armbrustschießen!
c. Sehr gut! Autobahn, Schiffe, Flughafen.
d. Es ist groß, alt und etwas kaputt.
e. Sie wollen das Hotel renovieren.

Kapitel 2

Ü 1 **Der Chef ist nicht optimistisch:**
Vielleicht wollen die Schweizer nicht _____ ?
Aber ich will gute _____ !

Ü 2 **Markus lernt Schweizerdeutsch.**
Wie heißt das in Deutschland?

exgüsi!	→	_____ !
luege	→	_____
Töff	→	_____
Grüezi!	→	_____ !

Ü 3 **Besprechung in der Familie Steinberger und mit Freunden. Wer sagt was? Ulrich Ul, Dorothee Do, Urs Ur, Silvia Bächli Si, Ludwig Waldner Lu**

1. Wir müssen alles renovieren. ☐
2. Eine Firma in Düsseldorf will uns etwas geben. ☐
3. Wir müssen das Geld nehmen! ☐
4. Seid vorsichtig! ☐
5. Diese Probleme müssen aufhören! ☐
6. Lasst sie doch kommen! Ihr seht dann, was sie anbieten. ☐
7. Gut, wir versuchen es. Ich rufe an. ☐
8. Komm zurück! Alles wird gut gehen. ☐

Kapitel 3

Ü 1 Wie finden Sie Axel Geyer?
intelligent ☐ dumm ☐ stark ☐ verrückt ☐
normal ☐ sympathisch ☐ unsympathisch ☐
_____

Ü 2 Geyer will sofort alles sehen. Macht er das richtig? Was meinen Sie?
_____

Ü 3 Geyer ist für das Projekt, Ulrich Steinberger ist dagegen. Wie finden Sie, was die Leute sagen: positiv ⊕ oder negativ ⊖?

Geyer: „Diese Treppen, diese Möbel müssen weg – zu alt!" ☐

Mirjam: „Der Blick auf den See! Hier kann man Urlaub machen." ☐

Ulrich: „Wir müssen bald renovieren." ☐

Geyer: „Renovieren ist zu wenig, wir müssen etwas Neues machen!" ☐

Urs: „Das ist eine super Idee." ☐

Mirjam: „Herr Steinberger, das war ein bisschen zu schnell für Sie!" ☐

Dorothee: „Gehen wir hinein und setzen wir uns zusammen." ☐

Ü 4 Markus kommt in Flüelen an. Was ist seine erste Frage?
Wo kann ich das lernen: das Schießen mit der _____?

Kapitel 4

Ü 1 **Markus Berg besucht Ulrich Steinberger.**
Was steht im Text?
1. Ulrich ist im Schießen der Beste. ☐
2. Markus will bei ihm das Schießen lernen. ☐
3. Ulrich gibt Kurse im Schießen. ☐
4. Geyer will das Schießen auch lernen. ☐
5. Ulrich erklärt Markus und Geyer alles. ☐
6. Markus darf zum Schießstand kommen.

Ü 2 **Was denkt Markus über Geyer?**
Welche Antworten sind richtig?
1. Der versteht die Schweizer nicht. ☐
2. Der macht es schnell, aber richtig. ☐
3. Der will alles sofort bekommen. ☐

Ü 3 **Ulrich lässt Geyer nicht schießen.**
Was – glauben Sie – denkt jetzt Geyer?
_____

Ü 4 **Ergänzen Sie die Sätze!**
Silvia kennt die Wünsche der Touristen:
1. Die jungen Leute und die Touristen von heute wollen
_____ .

Ulrich hat Angst um sein schönes Hotel:
2. Wir haben das ganze Leben _____ .
Aber Urs denkt ganz anders:
3. Vater, wir leben heute. Du willst doch sicher,
dass ich später _____ !

Kapitel 5

Ü 1 Geyer ist nicht mit den anderen zusammen.
Er fährt nicht _____ , sondern
geht _____ auf den Berg.

Ü 2 Was passiert mit Geyer, wenn er keinen Erfolg hat?
Er verliert seine Arbeit: Er bekommt von Michalski
die _____ .

**Ü 3 Geyer hat Angst und ist sehr böse.
Finden Sie selbst ein negatives Wort:**
„Dieser Michalski ist ein _____ !"

Kapitel 6

Ü 1 Die jungen Leute in Flüelen sind von dem neuen Projekt begeistert.
Sie sagen: „Cool, toll, _____ ,
_____ …

Ü 2 Welche schlechte Nachricht hat Markus von Elisabeth bekommen?
Die Firma EVOK ist _____ !

Ü 3 Welches Ergebnis bringt Ulrich aus dem Gemeindehaus?
Sie wollen unbedingt _____ .

Kapitel 7

Ü1   Mirjam lernt Rico kennen. Was geschieht?
Sie _____ ihn an, denn er _____ ihr!
Unterwegs können sie sich jetzt _____

Ü2   Der Schuss auf Ulrich Steinberger!
Ergänzen Sie die Wörter aus dem Kasten.

> Blut, freut, gewonnen, Glück, Kanton, klappt, Leere, Lösung/Möglichkeit, Notarzt, sucht, treffen, trifft, versteckt (2x), Vertrag, Wichtigste

Szene 1: Geyer braucht den _____ in drei Tagen. Mit Steinberger _____ es nicht, aber vielleicht ohne ihn. Er sieht keine andere _____ : Steinberger muss „weg".

Szene 2: Zum Schützenfest sind alle gekommen, aus dem _____ Uri. Das Schießen ist das _____ , auch mit der Armbrust.

Szene 3: Geyer hat sich _____ und wartet. Er weiß nicht: Wird er _____ ?

Szene 4: Ulrich Steinberger _____ sich, denn er hat _____ . Er ist „Schützenkönig".

Szene 5: Geyer zielt, schießt, aber _____ nicht. Es war ein Schuss ins _____ .
Dann schießt er noch einmal und trifft!

Szene 6: Ulrich fällt um. Aber er hatte _____ . Der Pfeil steckt nur im Bein, aber er verliert viel _____ .
Der Heli mit dem _____ kommt schnell.

Szene 7: „Wer war das? _____ ihn!" Geyer läuft weg und _____ sich.

Kapitel 8

Ü1 Welche Fragen haben Ulrich und die Besucher im Kantonsspital?
1. „Wie geht es dir? Hast du Schmerzen?" ☐
2. „Wie ist das Spital? Gut?" ☐
3. „Wer war dieser Verrückte?" ☐
4. „Haben sie schon den Täter?" ☐
5. „Vater, wollte dich jemand töten?" ☐
6. „Markus, kannst du als Detektiv etwas tun?" ☐
7. „Wo ist dieser Herr Geyer?" ☐
8. „Kann ich den Pfeil aus dem Bein haben?" ☐

Ü2 Mirjam besucht Rico in Seelisberg. Was finden Sie unwichtig ⊟, wichtig ⊞, sehr wichtig ⊞⊞? Bitte Ihre Meinung!

Ricos Familie hat Kühe und eine Käserei. ☐
Mirjam schmeckt der Käse sehr gut! ☐
Rico zeigt ihr seine Kühe. ☐
Der Betrieb ist Mirjam sympathisch. ☐
Sie erzählt von den Geldproblemen der
Steinbergers und von der Firma EVOK. ☐
Rico findet das nicht gut: fremdes Geld! ☐
Sie sind glücklich und küssen sich! ☐

Ü3 Warum will Geyer mit Dorothee einen Vor-Vertrag abschließen? Was ist hier richtig?
a. Ein Trick: Das ist auch ein Vertrag. ☐
b. Urs Steinberger unterschreibt auch. ☐
c. Ein guter Moment. Ulrich ist nicht da. ☐
d. Jetzt können die Arbeiten beginnen. ☐

Kapitel 9

Ü1 Der letzte Streit im Hotel „Montana": Was passiert da? Wie ist die richtige Reihenfolge?

☐ 5 Für das Projekt der Steinbergers, die Renovierung, gibt es eine bessere Lösung.
☐ Rico und Mirjam haben Ulrich abgeholt.
☐ Geyer meint, Ulrich muss nur den ungefährlichen Vor-Vertrag unterschreiben.
☐ Geyer läuft zu seinem Auto und fährt weg.
☐ Dorothee will noch nicht unterschreiben, sondern geht in die Küche.
☐ Plötzlich kommt Markus und sagt, er hat den Täter gefunden.
☐ Ulrich ist wieder da. Und das ist nicht gut für Geyer!
☐ Mirjam sagt, sie bleibt in Uri, bei Rico.

Ü2 Jetzt kommt wieder Ruhe in den Ort! Ergänzen Sie
„fremde, leihen, Lösung, Räuber, unglücklich":
Geyer war ein _____ und wollte das Hotel „Montana" haben. Aber Rico hat die richtige _____ für die Probleme der Steinbergers.
Seine Familie will ihnen das nötige Geld _____ , denn fremdes Geld macht _____ ! Jetzt wollen sie nie mehr „_____ Räuber in Uri!"

Kapitel 1–9

Ü 1 „Ein Schuss ins Leere" – das Quiz: Wissen Sie das noch?

1. Er war ein großer Schweizer und hat auch mit der Armbrust geschossen: _____
2. Von welchen vier Kantonen kommt der Name „Vierwaldstättersee"?

   _____
3. Der Krimi spielt in Uri, in _____ .
4. In der Schweiz spricht man ein besonderes Deutsch, das _____ .
5. Mirjam Rösch war die _____ von Axel Geyer.
6. Ulrich Steinberger will das Hotel nur renovieren. Geyer wollte es _____ .
7. Der Ausflug mit Silvia geht auf einen Berg, auf die _____ .
8. Was macht Rico in Seelisberg? _____
9. Wie oft schießt Geyer? _____
10. Zum Glück ist Ulrich nicht tot, sondern nur

    _____ .
11. Markus findet den Täter: _____
12. Ende gut, alles gut! Familie Steinberger bekommt das Geld für die Renovierung von _____ !

Ü 2 Was ist fünf Jahre später? Was denken Sie?

Das Hotel „Montana"
- ist wie früher?
- ist jetzt ein Sporthotel?
- _____

Urs Steinberger
- ist jetzt der Chef im Hotel?
- organisiert das Fest zum ersten August?
- verkauft Käse von Rico?
- _____

Ulrich Steinberger
- arbeitet nicht mehr?
- ist jetzt Präsident des Schützenvereins?
- _____

Rico und Mirjam
- arbeiten gut zusammen?
- sind nicht mehr zusammen?
- Mirjam ist nach Düsseldorf zurückgegangen?
- sind verheiratet?
- _____

Markus Berg
- hat jetzt ein anderes Hobby?
- arbeitet weiter als Detektiv, mit Elisabeth zusammen?
- fährt oft nach Uri und besucht dort seine Freunde?
- _____

Und Flüelen in Uri? Was gibt es dort Neues?
- _____

Lösungen

Kapitel 1
Ü1 see
Ü2 Armbrust, Tell
Ü3 gefährlich, passieren, schießen, in der Schweiz/in Flüelen
Ü4 1d, 2e, 3a, 4b, 5c

Kapitel 2
Ü1 mitmachen, Ergebnisse
Ü2 Entschuldigung!, schauen/sehen, Motorrad, Guten Tag!/Grüß Gott!
Ü3 1: Ul, 2: Ul, 3: Ur, 4: Lu,
    5: Ur, 6: Si, 7: Ul, 8: Do

Kapitel 3
Ü1 (Ihre Meinung)
Ü2 (Ihre Idee)
Ü3 (Ihre Meinung)
Ü4 Armbrust

Kapitel 4
Ü1 1, 2, 4, 6
Ü2 1, 3
Ü3 (Ihre Idee)
Ü4 etwas Interessantes/etwas Sportliches/Spaß, (dafür) gearbeitet, das Hotel führe/übernehme

Kapitel 5
Ü1 mit der Bahn, zu Fuß
Ü2 Kündigung
Ü3 (Ihre Idee)

Kapitel 6
Ü1 (Ihre Idee)
Ü2 nicht seriös, nicht gut
Ü3 die (genauen) Pläne

Kapitel 7
Ü1 spricht, gefällt, kennenlernen
Ü2 S1: Vertrag, klappt, Lösung/Möglichkeit
　　S2: Kanton, Wichtigste
　　S3: versteckt, treffen
　　S4: freut, gewonnen
　　S5: trifft, Leere
　　S6: Glück, Blut, Notarzt
　　S7: sucht, versteckt

Kapitel 8
Ü1 1, 3, 5, 6, 8
Ü2 (Ihre Meinung)
Ü3 a, c

Kapitel 9
Ü1 5, 3, 4, 8, 1, 7, 2, 6
Ü2 Räuber, Lösung, leihen, unglücklich, fremde

Kapitel 1–9
Ü1 1: Wilhelm Tell, 2: Uri, Schwyz, Unterwalden, Luzern, 3: Flüelen, 4: Schweizerdeutsch, 5: Assistentin/Kollegin, 6: ausbauen, 7: Rigi, 8: Käse, 9: dreimal, 10: verletzt, 11: Axel Geyer, 12: Rico
Ü2 (Ihre Ideen)

MP3:
Ein Schuss ins Leere
Fremde Räuber in Uri

Gelesen von Felix Würgler
Regie: Joachim Becker
　　　　　　　Christian Schmitz
Toningenieur: Christian Marx
Studio: Clarity Studio Berlin

unter www.cornelsen.de/daf-bibliothek